ÉPITRE

A

M. SAINTINE

QUI A BIEN VOULU SE CHARGER DE REVOIR LES ÉPREUVES
D'UN DE NOS OUVRAGES.

PARIS
IMPRIMERIE DE J. TASTU,
RUE DE VAUGIRARD, N. 36.

JANVIER 1830

ÉPITRE

A

M. SAINTINE.

✽

S'il y a quelque chose de recommandable dans cette Épître, c'est le nom de celui à qui elle est adressée.

Ce petit ouvrage est tout-à-fait spécial ; il ne peut être compris que par une classe peu nombreuse de lecteurs. Les auteurs déclarent de bonne foi n'y attacher aucune importance ; ils le considèrent comme un délassement d'esprit, un simple badinage poétique. Aussi, leur première idée ne fut pas de le livrer à l'impression ; et ce n'est que pour satisfaire aux sollicitations de leurs amis qu'ils se sont décidés à en faire tirer quelques exemplaires, au lieu d'en laisser prendre des copies manuscrites toujours défectueuses ; une preuve incontestable de cette assertion, c'est que cette brochure ne sera, ni mise en vente chez aucun libraire, ni annoncée dans aucun journal.

✽

ÉPITRE

A

M. SAINTINE

QUI A BIEN VOULU SE CHARGER DE REVOIR LES ÉPREUVES
D'UN DE NOS OUVRAGES.

PARIS

IMPRIMERIE DE J. TASTU,
RUE DE VAUGIRARD, N. 36.

JANVIER 1830

Marseille, 1829.

Quand du frais Belleville au faubourg Saint-Germain
Tu viendras pour soigner l'œuvre de notre main,
Dans *l'atelier gothique,* aux lettres toujours neuves,
Tastu *t'imposera* de terribles *épreuves;*

Saintine ! tu connais ce peuple d'imprimeurs,
Fléau du prosaïsme et tourment des rimeurs ;
Tu sais que rarement leur fierté se résigne
A marcher avec nous sur une même *ligne ;*
Par des *traits-d'union* s'ils nous charment d'abord,
Jamais sur un seul *point* nous ne restons d'accord ;
Avec un *accent grave* ils font tant de folies !
Quel *verso* raboteux sous leurs *formes* polies !
A leur faux *caractère* on doit peu se fier ;
Ils nous font criminels pour se *justifier ;*
Le travail manque-t-il ? leurs ongles de harpies
Viennent chez les auteurs extorquer des *copies ;*
Avons-nous besoin d'eux ? nous les cherchons en vain,
On les trouve toujours chez le marchand de vin.
Promets-leur des *canons*, gourmande leur paresse ;
Que n'ont-ils de Pinard la vaporeuse presse
Qui, du pays gascon transportée à Paris,
A fait à l'inventeur perdre tant de paris !

Du moins, pour exciter leur trop lente industrie,
En auteur opulent parcours l'imprimerie,
Distribue avec art un éloge flatteur
Pour le *metteur en page* et le *compositeur;*
Ne va pas lésiner sur le prix de nos strophes,
Tu glacerais leur zèle en rognant les *étoffes :*
Fais briller à leurs yeux l'argument qui séduit ;
Pour voir plus tôt le jour prends des *hommes de nuit;*
Que l'espoir du *salé,* plus puissant que la gloire,
Intéresse à nos vers tout le laboratoire,
Et qu'à ta voix enfin l'atelier dégourdi
Travaille le dimanche et même le lundi.

Bien que les imprimeurs soient *gens de conscience,*
Ne te repose pas sur leur vaine science.
Songe bien que la *casse* est un ténébreux puits
Qui trompe quelquefois les deux frères Dupuis ;

Surveille leurs travaux : que ton œil se méfie
Des grossières erreurs de la *philosophie :*
Que de fois, en passant, un *apprenti-gamin,*
Dans la *casse* sacrée osant porter la main,
Prépare au typographe une peine perdue !
Qui peut de ce méfait calculer l'étendue ?
Dès le moment fatal que cette trahison
A du sage alphabet perverti la raison,
L'automate savant qui travaille à la page,
Sur le *visorium* consulte en vain l'ouvrage ;
Son innocente main qui tient le *composteur,*
A nos vers mutilés prête un sens imposteur ;
Quelque temps à l'écart, ces étranges bévues
Sur la feuille de plomb dorment inaperçues,
Le lourd *châssis* de fer repose dans un coin,
Rien ne transpire encor ; mais le jour n'est pas loin,
Où l'écrivain soigneux, qu'une faute tracasse,
Découvre en pâlissant le viol de la *casse.*

Quel désordre effrayant ! que d'horribles délits

Dans la *feuille* discrète hier ensevelis,

Apparaissent honteux et la tête penchée,

Sur *l'épreuve* grisâtre au poêle desséchée !

Alors sont révélés les amours clandestins

Des *types* dépravés sortis des *cassetins*,

Enfans incestueux d'une même famille ;

Chaque ligne décèle une informe *coquille :*

Les *trémas* fraternels, les sonores *accens*,

Les *virgules*, les *points* se heurtent en tous sens ;

La discorde est partout : la fière *majuscule*

Devant un adjectif d'épouvante recule.

Tombé de son casseau l'immense *parangon*

Sur un pauvre *e muet* pose un pied patagon ;

Un *y grec cicéro*, levant sa double oreille,

Ombrage avec orgueil une humble *nompareille* ;

Deux *espaces* rivaux se croisent en chemin ;

Et, pour dernier scandale, un *i petit-romain,*

Entraîné par ses goûts, roulant son *œil* oblique,

S'attache au dos penché d'une lettre *italique*.

Jette sur ces horreurs un voile officieux ;

C'est à toi de dompter ces penchans vicieux.

Que ton *deleatur*, sur la *marge* élargie,

Réprime les excès de leur nocturne orgie ;

Pour ranger au devoir tout ce peuple mutin,

Appelle à ton secours le calme Valentin.

Sur un papier moins gris, que moins d'encre colore,

Redemande une *tierce* et la corrige encore ;

Sois avare surtout, au moins pendant trois jours,

De ce *bon-à-tirer* qu'on demande toujours,

Car tous tes droits sont là ; sitôt que la *frisquette*

Aura sur le *vélin* empreint son étiquette,

Ta signature au poing, l'inflexible *pressier*

Fermerait à tes cris son oreille d'acier.

Mais déjà le cylindre étend son noir cirage,
Et la presse a crié; surveille ce *tirage:*
Quelquefois, enivré de jus de *grand-raisin,*
Le *pressier* indolent cause avec son voisin;
D'autres fois le *tympan* qui descend et recule
Laisse à la blanche page une immense *macule;*
Trop souvent, une *feuille imposée* à rebours,
Inutile travail, ajoute à nos débours;
Et, malheur plus poignant pour le cœur d'un poëte,
On a vu, quand la *forme* est déjà toute prête,
Quand les journaux, que rien ne retarde en chemin,
Ont promis au public l'ouvrage pour demain,
On a vu tout-à-coup, en passant à la hâte,
Un prote inattentif *mettre* un poëme *en pâte.*

Si le sort t'affranchit de ces périls divers,
En quittant le *pressier*, veille encor sur nos vers;

Dans cet enfantement, pour être sans reproche,

Visite en connaisseur l'atelier où l'on broche.

C'est peu que par ton ordre on ait trempé d'abord

Pour épaissir l'ouvrage un vélin blanc et fort,

Que Drevet, jusqu'ici digne de nos éloges,

Ait fourni cette fois son beau papier des Vosges ;

Il existe un secret connu de l'éditeur

Qui fascine encor mieux le crédule acheteur :

L'atelier féminin, de ta ruse complice,

Pour *souffler la brochure* a plus d'un artifice ;

Que le couteau de buis en glissant à propos

De la feuille pliée élargisse le dos,

Que les livres collés, rangés en pyramides,

La nuit soient déposés dans des caveaux humides ;

Le public, tu le sais, encor neuf sur ce point,

Admire en le payant ce factice embonpoint,

Et tel qui d'un volume a cru faire l'emplette,

Dans sa main qui le trompe emporte une *galette*.

Ne mets rien en oubli dans ce vaste atelier;
Impose à l'*assembleuse* un ordre régulier,
Trop heureux, si jamais la main qui les recueille
Ne glissait dans le livre une *mauvaise feuille!*
Mais souvent la novice, en se piquant les doigts,
Peut coudre, à son insu, la *deux* avant la *trois;*
Une autre, quelquefois, trop soigneuse de plaire,
En soupirant d'amour déchire un exemplaire,
Et le livre écourté que sa main *ébarba,*
Trahit sa maladresse et fait honte à Barba.

Est-ce tout? Non sans doute; avant que de paraître,
Sur mille autres détails attache l'œil du maître;
Repousse avec horreur ces types fatigués
Qui, dans le noir *sabot* justement relégués,
D'un imprimeur sordide éternisent la honte,
Et *ces têtes de clous* que réclame la fonte.

D'un caractère neuf que ton goût fasse choix :
Que le compositeur *remaniant* vingt fois,
De son titre élégant qui forme un vase antique,
Chasse la *lettre ombrée* et la *lettre gothique*,
Et tous ces ornemens par caprice exhumés
Des antiques bouquins à Mayence imprimés.
Songe au luxe nouveau de la littérature :
Fais briller sur le titre et sur la couverture
Une fraîche vignette, en forme d'écusson
Dessiné par Monnier et gravé par Thompson;
Préfère pour parure un *filet* net et mince
Aux *cadres* noirs et lourds qui sentent la province ;
Surtout, du *frontispice* avec art dessiné,
Proscris soigneusement tout *fleuron* suranné,
Des brochures du jour l'éternel *cul de lampe*,
L'urne lacrymatoire ou le serpent qui rampe,
Et ces cachets de plomb, ces *rosaces* de bois
Que Béraud sur nos vers appliqua tant de fois.

Il est d'autres travaux, des soins que l'exigence
Marquera mieux que nous à ton intelligence;
Ainsi, par des repos que sans nous tu créas,
Tu sus couper nos vers par des *alinéas;*
Tu connais les secrets du *titre* et du *faux-titre,*
L'art de mettre un *fleuron* au sommet d'un chapitre,
De prodiguer les *blancs,* comme Alfred de Vigny,
Comme Victor Hugo quand il chanta Rigny.
Songe qu'Urbain Canel, patron des romantiques,
Alonge à volonté leurs lignes élastiques,
Que Ladvocat, Delangle et Charles Gosselin,
Vendent au lieu de vers des rames de vélin :
Grâces à leur méthode un poëte est à l'aise ;
Avec une *préface,* une *épigraphe* anglaise,
Les *notes* de la fin, le sommaire des *chants,*
On fait un livre entier comme Émile Deschamps.
Que nous importe à nous qu'un acheteur s'indigne
De payer un papier sans y voir une ligne?

L'équitable clameur du public trop bénin
Épargne le poëte et tombe sur Dénain !

Inutiles conseils ! avant nous dans la lice,
Des fils de Guttemberg tu connais la malice ;
Depuis le jour qui vit tes glorieux débuts,
Combien ta main soigneuse a corrigé d'abus !
Puisse l'avis badin donné par fantaisie
A notre ami féal et maître en poésie,
Consoler ses ennuis sous les sombres piliers,
Vaste cloître où Tastu fonda ses ateliers !

BARTHÉLEMY et MÉRY.

GLOSSAIRE
ALPHABÉTIQUE.

GLOSSAIRE
ALPHABÉTIQUE

DES

TERMES TECHNIQUES

ET AUTRES MOTS OU NOMS EMPLOYÉS DANS L'EPÎTRE.

ALINÉA. L'alinéa sert à marquer dans le discours une pause plus prononcée, plus définitive que le point. Dans les vers, si on ne le marque pas par la rentrée de la ligne, il faut le désigner par une ligne de blanc.

APPRENTI, GAMIN. C'est le nom qu'on donne aux surnuméraires dans les imprimeries; ils sont soumis aux ordres du prote, et font le service intérieur et extérieur des ateliers. Les ouvriers typographes composent une hiérarchie de pouvoirs, un échelon de grades, ou, si l'on veut, un alphabet vivant dont on peut dire que les protes sont les *alpha*, et les gamins les *omega*, ou même les *e* muets, attendu qu'il leur est enjoint de ne jamais répliquer aux ordres despotiques des protes.

Assembleuse *ou plutôt* Assembleur. On appelle ainsi celui qui réunit les feuilles tirées pour en former des exemplaires.

Atelier gothique. L'imprimerie de M. Tastu est établie dans une vaste salle voûtée, soutenue par de larges piliers ; on croirait voir la longue chapelle d'un cloître ou l'immense réfectoire des Bénédictins. Ce local fut bâti pour les cuisines de la princesse Palatine de Bavière. Elles desservaient l'hôtel du Petit-Luxembourg, qui est en face, au moyen d'un passage souterrain. Il semble que, d'après cette première destination, on aurait dû choisir cet atelier pour y fonder une imprimerie ministérielle.

Barba. Brocheur, rue de Seine, n° 33.

Béraud. Imprimeur, rue du Foin-Saint-Jacques. Il a imprimé les premières poésies des auteurs.

Blancs. Ce sont des entrelignes très-forts, au moyen desquels on peut faire un volume avec une centaine de vers. A messieurs Victor Hugo, Alfred de Vigny et Émile Deschamps, cités dans cet ouvrage, on peut ajouter comme très-habiles à faire des blancs, MM. Lamartine, Delavigne, Barthélemy et Méry. Ces derniers ont trouvé l'art d'établir une forte brochure avec quelques pages, et avec une brochure un volume fort décent ; voyez, au surplus, leurs Villéliade, Peyronnéide, Congrès des Ministres, Napoléon en Egypte, etc., etc., et récemment encore, Waterloo. Tout cela, grâce au zèle et à l'intelligence, soit de leur ancien libraire, soit de Dénain, actuellement leur éditeur et blanchisseur.

(*Article communiqué.*)

Bon-a-tirer. Quand toutes les corrections sont faites, l'auteur doit apposer sur la dernière épreuve son permis de tirage, ou son visa qui décharge le prote de toute responsabilité.

Brochure. Pour qu'un livre mérite le titre honorable de volume, il doit avoir un nombre déterminé de feuilles. Pour les in-8°, par exemple, il faut qu'il en ait au moins vingt. Jusque-là il ne mérite que le nom de brochure. Paul-Louis Courrier disait très-philosophiquement : « Seize pages, vous êtes pamphlétaire, et gare Sainte-Pélagie ; faites-en seize cents, vous serez présenté au roi. » (*Pamphlet des Pamphlets*.)

Cadre. C'est une bordure, composée de divers filets ou ornemens et placée autour du titre, sur la couverture.

Canon. Nom d'un caractère d'imprimerie. Il y a gros et petit canon. En style bachique, le canon est une petite mesure de vin qu'on vide ordinairement sur le comptoir, à la face du public.

Caractère. Ce mot désigne la forme, la grosseur et l'espèce de la lettre d'imprimerie.

Casse. La casse est une boîte carrée, divisée en autant de compartimens qu'il y a de lettres dans la composition. La division de la casse est la même partout, de manière qu'un ouvrier de Strasbourg, qui se trouverait tout-à-coup transporté dans une imprimerie à l'autre extrémité de la France, n'aurait aucune instruction à recevoir, aucune habitude à contracter, et pourrait à l'instant travailler à la composition.

Casseau. La casse se divise en deux parties égales : le *haut de casse* et le *bas de casse,* ou le casseau supérieur et le casseau inférieur.

Cassetins. Ce sont les subdivisions des casseaux, les petits compartimens où sont placées les lettres.

Chassis. On appelle châssis des cadres de fer dans lesquels on enchâsse la composition, en la maintenant par des garnitures de bois, ou des garnitures en fonte, le tout serré par des coins de bois.

Cicéro. C'est le nom qu'on donne à un caractère d'imprimerie, tel que celui du texte de cet ouvrage.

Coin. Les coins, comme le mot l'indique, sont des pièces de bois qui servent à serrer la forme dans la garniture. (*Voyez* Chassis.)

Compositeur. Le compositeur est l'ouvrier chargé de la formation des lignes et des pages. Il est quelquefois employé à faire des *paquets,* sous un *metteur en pages;* ce dernier peut avoir vingt compositeurs *paquetiers* sous sa direction, quelquefois plus, quelquefois moins.

Composteur. Instrument en fer ou en cuivre dans lequel le compositeur place les lettres pour en former des lignes.

Copie. Par une singulière corruption d'étymologie, on appelle copie, l'original ou le manuscrit qu'on imprime.

Coquille. C'est la substitution d'une lettre à une autre. Ces fautes sont très-fréquentes dans la composition, lorsque la distribution a été mal faite.

Cul-de-Lampe. Anciennement on donnait ce nom à certains ornemens ou arabesques placés à la fin des volumes et terminés en pointe.

Delangle. Delangle frères, libraires, rue du Battoir, n° 19.

Déleatur. Dans la correction des épreuves, on a soin d'indiquer par un signe les lettres à retrancher. Ce signe, qu'on place en marge, est à peu près de la forme d'un *d;* et c'est la première lettre du mot latin qui prescrit d'effacer. Quelque bizarre que soit la volonté de l'auteur, le prote est forcé de s'y soumettre quand elle est exprimée par cet hiéroglyphe impératif.

Dénain. Libraire à Paris, rue Vivienne, n. 16.

Deux. En terme d'imprimerie, on dit la deux, la trois, la quatre, etc., pour dire la seconde, la troisième, la quatrième feuille, suivant l'ordre de pagination.

Distribuer. Cette opération consiste à défaire la composition, à rompre les formes, en replaçant chaque lettre dans son cassetin particulier.

Drevet. Marchand de papier à Paris, rue d'Anjou-Dauphine, n° 6.

Dupuis. Les frères Dupuis ou mieux Dupuy sont les associés de M. Tastu. Ils revoient eux-mêmes les épreuves avec le plus grand soin, et il est bien rare qu'ils laissent échapper des fautes.

Ébarber. C'est l'action de trancher, avec de forts ciseaux, les bavures ou franges de la feuille pour rendre la brochure régulière.

Épreuves. L'épreuve est l'empreinte de la forme sur le papier. On se sert communément pour cela d'un papier bis très-grossier.

Espaces. Ce sont de petites lames de matière destinées à séparer les lettres. Nous remarquerons ici qu'en typographie le mot espace est féminin; aussi le prote voulait-il à toute force mettre : *deux espaces rivales.* Mais les auteurs ont tenu bon pour la mesure.

Étoffes. C'est ainsi que les imprimeurs nomment leurs droits ou profits sur la composition et le tirage. Nous avons plus d'une fois remarqué que ces messieurs sont d'une subtilité étonnante dans l'aunage de leurs *étoffes,* surtout si à ce dernier mot ils ajoutent celui plus exigeant encore de *bénéfices :* il n'y a pas de raison qui puisse apprécier la valeur des mots *étoffes* et *bénéfices.*

Faux-Titre. On appelle faux-titre, le titre abrégé placé à demi-page, qui précède le grand-titre.

Feuille. C'est le papier qui subit l'impression. Quand les feuilles sont imprimées d'un côté, on les retourne et on les repasse à la presse, ce qu'on appelle la *retiration.*

Filet. C'est une lame de plomb qui sert à l'encadrement du titre. On divise les filets en gras et maigres, en filets doubles et simples.

Fleuron. On comprend par là tout ornement gravé sur bois ou sur métal, et appliqué sur un livre.

Forme. On appelle forme les pages imposées dans le châssis. La forme est la moitié d'une feuille.

Frisquette. La frisquette est un cadre de quatre branches de fer minces, que l'on recouvre dans toute son étendue d'un fort papier, et découpé de manière à ne laisser paraître sur la feuille que les pages à imprimer.

Frontispice. C'est la page où est imprimé le titre.

Galette. C'est comme un terme de mépris par lequel les libraires désignent quelques pauvres feuilles qui ne font pas un volume, mais qui font plus qu'une brochure. Quelques-uns de ces messieurs s'avisent même d'appeler les brochures des *drogues*.

Gamin. (*Voyez* Apprenti.)

Gens de conscience ou Hommes de conscience. Dans les imprimeries on appelle hommes de conscience ceux qui sont employés avec des appointemens fixes.

Gosselin. Ce libraire, pour s'enrichir d'un seul coup, a imaginé de vendre à 2 francs le livre qu'il vendait autrefois 12 francs.

Gothique. Ancien caractère aujourd'hui illisible, et qu'on a voulu remettre en honneur; mais, grâce au cri général, on commence à le proscrire des bonnes imprimeries.

Grand-Raisin. Mot qui exprime la dimension ou le format d'un papier, qui a pour marque un raisin.

Hommes de nuit. C'est le nom qu'on donne aux ouvriers chargés de passer la nuit lorsque l'ouvrage presse.

Imposer. C'est disposer toutes les pages d'une feuille ou d'une forme, de telle sorte que la feuille de papier étant ployée, ces pages se trouvent dans l'ordre convenable.

Italique. Caractère couché, ou *cursive,* inventé en Italie par Alde-Manuce. On emploie l'italique, soit pour une citation, soit pour un mot spécial ou technique.

Justifier. On appelle justifier une ligne, la mettre de longueur avec les autres, ce qui se fait au moyen du composteur.

Ladvocat. Le Lucullus de la librairie, connu par ses immenses publications, par ses somptueux dîners, son hôtel et son tilbury.

Lettre ombrée. Depuis quelque temps l'usage des lettres grasses et ombrées, pour les titres, s'est introduit dans l'imprimerie, grâces au mauvais goût des fondeurs, qui les ont imposées aux libraires.

Lundi. Les juifs fêtent le sabat, les chrétiens le dimanche, les imprimeurs le lundi. C'est un usage immémorial, une règle irréfragable, un statut de l'ordre, de s'abstenir de tout travail pendant ce saint jour. On a vu des imprimeries où l'on a été forcé de consigner les ouvriers, et de les mettre en charte privée pour les réduire à rompre cette religieuse habitude.

Macule. On appelle macules les marques produites sur le papier blanc par une impression trop ou pas assez chargée d'encre.

Majuscule ou grande capitale. C'est une lettre plus grande de moitié que celles du corps de la ligne. Après un point on est obligé de continuer en commençant par une majuscule, et règle invariable, elle ne doit jamais se trouver devant un adjectif.

Marge. Blanc que l'on observe aux côtés, en bas et en haut des pages.

Mauvaise feuille. Toute feuille maculée, ayant des *larrons*, c'est-à-dire des plis dans la feuille du papier, ou toute autre imperfection, doit être réputée défectueuse, et rejetée comme telle.

Metteur en page. Compositeur actif et intelligent auquel on confie la conduite d'un ouvrage. (*Voyez* Compositeur.)

Mettre en pate. Souvent, par accident ou par maladresse, il arrive qu'une ou plusieurs pages sont renversées; ce mélange de différentes lettres et de différens caractères s'appelle pâté. On nous a dit que dans les imprimeries clandestines, à la première nouvelle d'une descente de commissaire ou de tout argus du bureau de la librairie, on se hâte de rendre méconnaissable l'ouvrage furtif, en rompant les formes avec violence, c'est-à-dire en mettant en pâte sans faire une distribution méthodique, ce qui est beaucoup plus prudent.

Monnier. On remarque dans les dessins de M. Henry Monnier une parfaite intelligence du sujet, une rare habitude des physionomies. Espérons qu'un jour il appliquera à un genre plus sérieux la vigueur de son trait et la hardiesse de son crayon.

Nompareille. Caractère très-menu dont on ne se sert que pour les notes, ou pour des ouvrages compactes. Il n'y a de plus petit que la *perle* et la *parisienne*. C'est aussi un joli petit oiseau de l'Amérique septentrionale ; Châteaubriand parle du geai bleu du Meschacébé et de la nompareille des Florides.

Œil. C'est la partie saillante de la lettre qui retient l'encre d'imprimerie, et laisse son empreinte.

Parangon. Caractère d'affiche.

Petit-Romain. Caractère d'imprimerie. Ces notes sont en petit-romain.

Philosophie. Sorte de caractère au-dessous du cicéro.

Pinard. Imprimeur, rue d'Anjou-Dauphine. On le dit l'inventeur d'une presse à vapeur qui tirera vingt mille feuilles en un jour. Les pressiers attendent avec effroi l'emploi de cette machine ; heureusement pour eux, cette œuvre de M. Pinard est encore inédite.

Pressier. C'est l'ouvrier chargé du tirage. On les distingue à la grosseur et à la force de leurs bras toujours exercés par l'action du levier. Aussi a-t-on dit dans la Peyronnéide :

Les robustes fondeurs, les pressiers aux bras nus.

(Méry et Barthélemy.)

Prote. C'est le chef ou directeur d'une imprimerie.

Remanier. C'est faire les changemens indiqués par le correcteur ou par l'auteur.

Rosace. Les rosaces sont de petits ornemens ronds qui se mettent à la fin des chapitres.

Sabot. Cette chaussure change sa destination en entrant dans une imprimerie. Attachée auprès des casses, elle reçoit les lettres gâtées destinées à passer de-là à la fonderie. C'est un tronc qui, dès qu'il est plein, appauvrit l'imprimerie.

Salé. On appelle salé ce que le compositeur ou l'imprimeur compte par anticipation sur la besogne à faire.

Souffler. Le texte même de l'ouvrage indique assez la valeur de ce mot : nos bons aïeux n'avaient pas encore atteint ce degré de perfectibilité; il a fallu des mots nouveaux pour exprimer des choses inconnues; mais tout ceci est un secret de langage qui n'est usité qu'entre les adeptes; le public n'est pas encore initié dans ces formes de style. Depuis quelque temps l'homme du monde, grâce aux leçons de M. Vidocq et de quelques forçats, pourrait très-bien se tirer d'une conversation avec des *grinches* dans un bagne ou à la Force; mais les mystères de la librairie ne sont pas encore soulevés pour lui; il ignore peut-être ce que signifie *être enfoncé, boire un bouillon,* etc., etc., de manière que devant un candide acheteur, deux compères peuvent parler en toute sûreté leur argot typographique.

Tastu. Imprimeur, rue de Vaugirard, n° 36, à Paris.

Tête de clou. Ce sont des caractères vétérans qui ne peuvent plus faire le service, et qui attendent leur congé de réforme.

Thompson. Cet artiste anglais grave sur bois avec une rare perfection, surtout quand il ne confie pas le travail à ses doublures.

Tierce. La tierce est la première feuille que tire l'imprimeur, et qu'il donne au correcteur pour conférer les corrections du bon-à-tirer de l'auteur.

Tirage. Par le tirage, l'imprimeur reproduit les pages qui sont sur la forme qu'il a sous presse.

Titre. Le grand titre vient immédiatement après le faux-titre. C'est l'écueil où viennent échouer la plupart des metteurs en page. Depuis quelques années le style du titre a fait de grands progrès.

Tympan. Cadre en bois ou en fer sur lequel on colle du parchemin, ou de la toile, ou du taffetas, et sur lequel on pose la feuille à imprimer.

Type. Mot dérivé du grec, qui signifie modèle, et qui s'étend aux caractères. Il est aujourd'hui inusité en imprimerie.

Typographe. C'est le nom qu'on donne généralement à tous ceux qui exercent l'art de l'imprimerie.

Urbain Canel. Ce libraire, qui étale ses livres dans son magasin, rue J.-J. Rousseau, n° 16, et quelquefois sur le quai Voltaire, a été long-temps la providence des auteurs des deux écoles, romantiques et classiques.

Urne lacrymatoire. Cette urne lacrymatoire était jadis appliquée indistinctement sur les frontispices, même des ouvrages les plus bouffons : mais le serpent, la coupe de poison, le trophée turc, les lyres, les harpes, etc., etc., sont aujourd'hui ridicules, même chez Sthal.

Valentin. Prote de l'imprimerie de M. Tastu.

Vase antique. Pour qu'un titre soit élégamment composé, on a établi une règle en typographie, qui veut que les différentes lignes qui le forment, figurent, par leur disposition, le vase ou l'urne antique. D'abord l'ouverture, puis le cou, puis le ventre, et enfin le pied évasé.

Verso. Second côté du feuillet; c'est le revers de la page auquel est opposé le *recto*.

Vignette. Sorte d'ornement typographique; on a soin de le placer au milieu de la justification.

Visorium. Petit morceau de bois plat que l'on fixe sur la bordure de la casse par une pointe en fer. Il sert à tenir la copie sous les yeux du compositeur; c'est un jalon qui est constamment planté devant lui, et qui le guide dans sa marche.

www.ingramcontent.com/pod-product-compliance
Lightning Source LLC
Chambersburg PA
CBHW060551050426
42451CB00011B/1860